쇼팽을 따라간 여인

사임당 시인선 ❸⓪
쇼팽을 따라간 여인

박미정 시집

도서출판 작가마을

시인의 말

가을을 마중하며

초헌제에서

박미정 쓰다.

2025, 여명을 창 밖에 두고

박미정 시집　쇼팽을 따라간 여인

차례

시인의 말　　　　　　　　　　• 005

1부
공중, 기억의 길이 있다　　• 013
계절을 잊은 무화과　　　　• 014
가곡의 밤　　　　　　　　• 016
특별한 공생　　　　　　　• 018
꿈에서 다짐하다　　　　　• 019
연인들　　　　　　　　　　• 020
이해한다는 것　　　　　　• 022
서로 사랑하여　　　　　　• 024
소소한 일상　　　　　　　• 025
만약, 정말 그렇다면　　　• 026
향신료의 바닷길　　　　　• 028
설해목　　　　　　　　　　• 030
세상 읽기　　　　　　　　• 032
가라, 외로움　　　　　　　• 033
가족　　　　　　　　　　　• 034
길　　　　　　　　　　　　• 035
퍼플섬　　　　　　　　　　• 036

사임당 시인선 ㉚

2부	물방울의 혼	• 039
	쇼팽을 따라간 여인	• 040
	시월의 가을	• 041
	그녀의 무언가	• 042
	보라 튤립	• 044
	고립의 벽, 그 안에서	• 046
	행복	• 047
	길 위에 길을 만들다	• 048
	고백	• 050
	매미의 노래, 고전이 되다	• 051
	눈동자	• 052
	시간을 걷다	• 053
	출산의 진통	• 054
	태풍 속 가자미	• 056
	세수	• 058
	도서관에서 여행하다	• 059

박미정 시집 쇼팽을 따라간 여인

3부

폐선	· 063
여름 제라늄	· 064
가을꽃	· 065
해루질	· 066
푸른 먹물	· 067
그냥 1	· 068
그냥 2	· 069
그냥 3	· 070
밤바다 －거제도에서	· 071
포레 무언가	· 072
화해	· 074
낙동강의 여름 한 수	· 075
노루귀	· 076
길	· 077
마냥	· 078
봄을 따라가다	· 079
미슐랭가이드 북을 잘 읽은 달팽이	· 080

사임당 시인선 ㉚

4부	설날	· 085
	강서마을의 아침	· 086
	요람으로 향하다	· 088
	강서의 들판에서	· 090
	바닷길 산책에서	· 091
	무화과	· 092
	대구 수성못에서	· 094
	부산 사람들	· 095
	내 고향의 토성고개	· 096
	느리게 가는 시간	· 098
	벅수	· 100
	부산 신선대	· 102
	나의 펜과 종이	· 103
	습설을 퇴고하다	· 104
	삼락 생태공원의 봄	· 106

박미정 시집   쇼팽을 따라간 여인

5부

약속	· 109
마당극 – 안동 하회마을에서	· 110
사람	· 113
한낮 흑의 장막	· 114
봄비	· 116
봄엔 더 그립다	· 117
호접란	· 118
가을 자두	· 119
절망	· 120
환기	· 121
어느 날의 일기	· 122
비 멈춘 그날	· 123
탐욕의 제국	· 124
우박 소동	· 126
입춘, 여기에 있다	· 127

보랏빛 화해和諧의 시적 지향 / 구모룡 · 128

제1부

공중, 기억의 길이 있다

계절을 가르는
새 떼의 날갯짓에
따뜻한 만남의 길 닿아있다

빙정이 부드러운 털을 반짝이는
구름을 배경 삼아 날아다니며
오묘한 소리 외침으로
눈과 귀를 공중에 빠지게 하는

이때쯤
강물이 반짝이는 것은
만남을 환호하는 갈채이며
가을의 풀밭을 유난히 눈부신 것 또한
갈채의 번짐이라

나는 그 언젠가 공중을 날던 꿈을 꾸어
선물 받았던 풍어의 날들이 있어
해심의 비늘로 달았던 날개
공중에 있다

계절을 잊은 무화과

봄은 저리 분주한데
가지 끝에서 계절을 탈출하지 못한 채
나무 끝에서 무덤을 파고 있다

햇빛의 열매를 딱딱한 방공호 속으로 숨겨 놓고도
떠나지 못한 사연을 못 들은 채
그냥 지나는 시선들
내일이면 그마저 연민이 사라질 테지

털어 낼 수 없어 남았는데
다 옹골지게 살았다가 떠났을 거라고

다음 생에는
순리대로 계절을 따라야겠지

음지를 베고
차가운 눈보라까지 베고 지났으나
지금 까맣게 변한 나를
빨갛게 예뻤다고 누가 추억해 줄까

한 마리 갑충甲蟲으로
고독을 질기게 빨아 넣고 있던
슬픈 기억의 존재가 되기 전에

가자!
사나운 칼끝으로 베이기 전에
땅에 떨어지면
나는 또 새로운 무화과가 될 테니

가곡의 밤

바이올린을 꺼내다 무릎에 현이 닿았다

오래도록 아팠던 것이 닳은 그 자리
잃었던 소리는 현을 더듬더듬

끊어진 줄이 다시 이어지는
그 길, 멀면 얼마나 멀다고
능청스럽게
허공에다 연주하며 살던 삶

마음의 근육은 그렇게 느슨하면서도
긴장하였다는 변명으로
넋두리를 쏟아내는 입술이 붉다

쓸쓸하면서도 기쁜 날
나는 낡은 일기를 꺼내 놓고
조율을 하며
다시 오늘의 일기를 쓰고 있다

구름의 휘장을 젖히자
보아야 보았다고 하던 내 안에 갇힌 것들이
우-루-루 쾅쾅
몸을 비틀고 빠져 나와 소란 후 침묵

청아한 별의 노래가 나를 향하여
오선지 위의 도돌이표가 즐겁게 발을 찍고
있다. 가곡의 밤, 내 안에 돌아와

특별한 공생

복대 찬 가로수
시린 바람 소리를
허리춤에 데우고 있다

잎새를 떨구고
구원을 구하고자 하는 것은
젊은 날의 생명이 아닐 테지

바람의 울림이 가지 끝에
부유하다 사라지는
공중에는

땅으로 내리쏟아져 내리며
허리를 곧추세우게 하는
햇살의 낙화가 있다

꿈에서 다짐하다

너른 땅 밭이랑에
곱디고운 재 쌓였는데
네댓 살 아기가 거기에서
온유한 눈빛으로 나를 대하니
아기 어머니의 가르침이 궁금했다
함구함에 비치는 미소와 얼굴빛
고요한 주변의 새벽, 그 아침
산꼭대기에서 일어난 평화
형언할 수 없는 아우라
꿈이듯 생시이듯
깨어나
생명을 띄우는 뜻 깊이 새기는
수요일의 참회, 밭을 일구게 하소서

연인들

쇼팽을 따라
호기심 많은 시선을 피해
시인 하이네와 선문답을 즐기기 좋은
산책길은
아직 가을이 번잡하지 않은
낙동강 둘레길이다
길 위의 바람은 나뭇가지를 흔들다가
조용조용 독백으로
기억 찾기를 하며
물들이는 붓을 들기 시작하는
그 길 위에서
여민 옷깃을 세우고
길을 옮기려다
"너의 길을 걸어라"
단호하게 말하는 단테를 만나
쇼팽도 버리고 하이네도 버리고
찻집에서
빠른 강물의 소리에
몰입하는 눈빛이 아름답다

"영혼은 물 같다, 바람은 운명 같다"
귀엣말로 속삭이는 괴테의 말에
커피 향기를 음미하던 어깨를
낮추고
시간의 문장들을 꿰맞추며
단조롭지 않은 음악 속으로 안겨든다

이해한다는 것

가만히 있어도 그냥 떠올라
웃고 말지요
길을 가다 문득
떠올라
웃고 말지요

－말지요. 그럴수록 더 다가가
삶으로, 때론 종잇장도 버거울 때
가볍게 차고 오르는 정적의 일순간
생을 다듬는 그가 떠올라
웃고 말지요

울컥,
유선과 무선이 닿지 않는 곳
십자가의 슬픈 애수에 태연할 수 없어
처녀 별자리의 안개 속
그 안에
외따로 잠기려할 때

우주에서 가장 아름다운 별
그 깊은 목소리의 적요가 반짝거리면
나는 신생의 소녀로 태어나
그냥
웃고 말지요

서로 사랑하여

신라대 평생교육원 229호실에서
나는 이층에서 너를 보고
너는 언덕에서 나를 보고 선
목요일 오후 두 시와 네 시 사이
격자무늬가 있는 유리창 밖
너는 바람에 흔들리거나
햇살에도 가만있거나
때론 비에 젖거나
그 변화무쌍한 표정을 자연스럽게
보내는 목요일
나의 시혼은 너에게 스며들어
너처럼 흔들리거나
가만있거나
젖어
나목의 계절에도
푸르렀던 너의 계절을 떠올리며
뼈를 드러낸 꿈을 읽고 기다리는 중이다

소소한 일상

다닥다닥 붙어 앉으면 셋이나 앉을
나무의자 하나를 베란다에 내놓고
나만의 카페라 명명했다

창가에 붙어 서서 줄줄이 환호하는 꽃
나의 사열에 긴장을 숨겼으나 웃고

오늘은 이탈리아 제노바에 위치하여
달콤한 빵 한 개와 커피 한 잔으로
베르디의 입맛을 따랐다

'히브리 노예들의 합창'에 깨어지는 빙벽
자유……
……꽃, 꽃, 꽃

창문을 활짝 열어 성당의 종소리를 듣는
휴일 아침이다

만약, 정말 그렇다면

시는
온순하고 따뜻하다
그렇다 하여
피폐함을 들려 부어놓고
고통을 시험하려 하지 마라
시는 아플 때 더 아프고
괴로울 때 더 괴로워
각혈을 겪고 있다
붉은 저 꽃을 보라
핏빛 사그라진 저 분홍빛을 보라
아, 바다로 내려가
에메랄드빛을 피우고 있는
저 하얀 꽃을 보라
시여!
너는 어느 별에서 날아와
나의 가슴에 꽂혀
서러운 것마저 재가 되게 하는지
파도가 되게 하는지
아, 물이 되게 하는지

나는 다시 태어나면
너의 시가 되고 싶다
서러움을 씻고
다 태워버려 주고
물이 되어 자연스럽게 흐르는

향신료의 바닷길

인도양에서 만난
노란 과일 속 붉은 껍질에 싸인
사향 향기는 피클을 삭였다
토속이라고 여기고 살았던
오감의 미각이 흔들린다
일단 침략이라고
말해 두자
영국과 프랑스가 전하기 전
태어난
대항해시대의 맛이라고
말해 두자
비린내를 잊은 물고기의 환각도
그 시대의 유산이라고
말해 두자
쟁반 위에서 번들거린다
피도 뼈도 사라진
투쟁의 피비린내 낱낱이 추려 낸
육두구의 추출물에
미열의 흥분을 느끼는

미각의 젓가락을 들이댄다
해독주스기 속에서 갈아 댄
흑갈색 씨앗 한 점,
태어난 역사의 참다함을 잊고
식탁 위에서 인도양을 읽어댄다

설해목

자연에 순응한 일일지라도
한번 쯤 고개를 들고
저항의 기척을 보였으면 어땠을까

목선을 타고 내려오는 인파선이 저리는
고통이 있다

뜨거운 열기를 적당히 식혀
순한 가지 틈으로 붓는
겨울 태양의 속죄가 오히려 슬픈
나의 눈물

유한한 존재성을 자각하고
현실에 적응한다는 것은
다가오는 봄을 살기 위한 것이기에

너도 참고
나도 참자

백일쯤이면 제대로 목을 가누고
유모차에 누워서 하늘을 보며
방긋거리는 아기처럼

눈을 덮은 이 순간에도
나를 잊는 일 없이
잔가지 하나라도 떨어뜨리는 일없이

고스란히 견뎠다가
하늘을 향해 연둣빛 가지를 흔들며 웃으리라

세상 읽기

길이 아닐 때 가지마라
한참 가다 알아차린
아닌 길이라면
지혜가 열린 것이니
묵묵히 가지 마라에 수긍하라

다시 만들어 가는 길
조금 늦어도
뚜벅뚜벅
걷다 보면
세상의 이치가
내 뿌리라는 것을 알게 될 테니까

가라, 외로움

적막강산이다
창밖은 햇살을 높이 든
하루가 솟아오르고 있는데

나는 시간을 어정거리며
바쁠 시간을 기다리는
공허를 견딜 수 없어

몇 달째
보랏빛 꽃 한 송이를 꺾지 않는
호접란 옆에 쪼그렸다

조용히 꽃잎과 눈을 마주칠 뿐인데
예쁨에
이지러지는 외로움

사는 것은
바라보는 당신에게서
예쁨을 발견하여 사랑하는 것이다

가족

기도가
이루어지기를 바라는 마음이 같다
너를 위한
우리를 위한

기도가 간절할수록
너를 위한
우리를 위한
그 눈빛이 갸륵해져서

우리는
서로
너를 향하여 이름을 부르는
새벽이
날마다 아름답게 깨어나기를 두 손 모으는
마음이 같다

길

길은 정해져 있지 않다
그러나
만들어진 길을 갈 때는
꼭 그 길을 따라가야 한다

그냥 길을 가고 싶을 때
세상을 빗나가는 길만 아니면
시간까지 주어진다면
꼭 그 길을 가보라

길은
늘 열려 있어
누군가가 걷고 싶어 한다면
길을 보여 준다
길을 보려고 하는 사람에게는

마치
시인이 시를 찾아 헤매면
시가 보이는 것처럼
길도 그렇다

퍼플섬

상상의 공간 속으로 들어갔다

모네가 허물어져 가는 집 한 채로
고흐가 의자 하나만으로
심오한 예술을 표현했듯이

보랏빛으로 생명을 노래하는 섬

그 안의 모든 것들은 보랏빛의 소품들이다

하늘 땅 바다 다리 나무 지붕 담벼락 등
우사에서 들려오는 소리
갈매기 소리 등

보랏빛 스카프를 목에 두른
나도
함께 걷는 바람도

낭만의 여행에서 공중누각을 세우는 우정
보랏빛이다

제 2 부

물방울의 혼

파도 끝에 하얗게 피는 물방울

눈부신 고요를 머금고

파란 꽃잎에 떨어져

파랗다 못해 하얗다 못해

해무의 속이파리를 만들고 있다

쇼팽을 따라간 여인

토요일 오후
그를 만나고 싶어
빗방울 전주곡을 틀었더니
비가 내리기 시작했다
유리창에 빗금을 치며 흐르는
빗방울의 전주곡을 따라
지중해의 섬, 마요르카로 들어가서
그가 사랑한 한 여자가 되어
그의 각혈을 의식하는
오선지 위 고음의 몸부림 속에서
음울한 졸음을 요구하기도 하는
격렬한 소란을 멈췄다
그의 터치에서 톡톡 튀며
빗방울을 건너다니는 환한 웃음을
복사하여
여든여덟 개의 건반을 가지런히
귀에 꽂았다

시월의 가을

파티가 시작됐다
하늘은 고공 행진하여 더 높아졌고
가을을 탄주 하는 산
화려한 갈비뼈를 드러냈다

미풍에 흔들리는 코스모스는
무지개를 꺾어 들고
청신한 가을볕에 서서
초현실적인 평화를 누리고

들녘은 발끝이 가볍다

고아하기 그지없이
황혼의 무늬를 새기고 있는
노을의 메시지가 기운을 돋우는
가을, 시월이다

그녀의 무언가

단조가 붙은 오선지를
H작곡가가 보내왔다

비오는 날의 로망스는
그녀의 세월이 극복한
피날레이기에
문외한 음악의 여행일지라도
건반 위에 귀를 댔다

압박붕대 풀기까지
일 년여 응고의 시간이 선율을 따라
흘러내리는
애수,
엄청난 모험으로 전해져 와
한순간의 꿈이었기를

피아노를 통째로 블랙홀에 빠지게 한
손목뼈 골절이
그녀의 비통만큼

나의 큰 슬픔이었으므로

왈츠를 출 수는 없지만
추고 싶다

보라 튤립

저온을 거친
튤립 구근 넷을 같은 화분에 심고
다른 하나는 따로 심었다

시선은 유독 뾰루지인 듯 나와 있는
그것을 향해 있다가
이른 봄 초급에 불과해 잠재하던
드로잉 솜씨가 발동했다

외따로 심은 화분에 피는 보랏빛에
보랏빛 뿔 슬리퍼가 떠올랐다
아버지가 사다 주신 거기에 발을 담그면
유난히 하얘서
여름방학이 신났던 때가 있다

가끔 도화지 위에
크레파스 보랏빛에 찍혀 피어나던
나만의 꽃 튤립을
어머니는 칭찬하고 벽에 붙여주셨다

이 봄날에
부모님을 그립게 하는
보라 튤립을 보며 이슬을 닦는다

꽃대와 꽃잎이 여위어 안쓰럽지만
발열이 아니기를 바라며
봄볕으로 더 가까이 향해 앉혔다

고립의 벽, 그 안에서

산복도로에 올라 선 날
운무가 발아래 도시를 숨겼다
사방팔방을 깜빡거리며 한 바퀴 돌아보니
골목길을 찾아 올라오고 내려가는
자동차의 헤드라이트가 부엉이 눈으로
꼬불꼬불 꼬리를 물고 있다
눈 아래 빤히 섰던
천차만별의 빌딩이 보이지 않아도
푸른 돛을 단 바다가 아련히 멀리 있어도
기다림의 적요가 아름다운 동네
운무 안 고립의 벽은
호기롭게 찾아간 나 혼자의 것으로
오래도록 다져진 땅을 딛고 선
벽을 기대면
몽클하다. 가슴이 따뜻해지면서

행복

가을볕에 살이 찐
참새 떼 가르랑거리는 들녘
결실을 여물게 물고 있다

수만 개의 바람을 지켜낸
허수아비가 허리를 드러내고
파안대소하니 하늘은 더 높아졌다

가로수 백일홍나무에 핀 꽃들
잎사귀를 감추고 만발하니
가을 식탁에 오를 햅쌀이 구수할 밖에

해 질 녘
지붕 끝에 붙어 있던 낮은 굴뚝에
모락모락 연기가 오르면

아버지는 내가 신을 새 신을 한 손에
다른 손에 동생이 신을 새 신을 들고
골목길 모퉁이를 돌아오셨다

길 위에 길을 만들다

나무들의 고개가 아프다
어깨가 무겁다
온몸이 저리다
잎사귀를 다 걷어낸
이별의 아픔이 채 가시기도 전
뼈마디를 누르는 것은
무슨 죄에 의한 것인가를 생각하는
부지런한 침묵만 있다
무거운 눈雪을 바치고 있는 나무들

지나는 행인들도 숙연하다
제 몸 가리기가 바쁜 출근길
누가 누구를 자세히 볼 여유가 없다
발바닥을 챙기지 않으면 안 된다는 대설특보에
제 앞가림도 위험한 사람들
우린 서로 살아야 한다

간밤에 무슨 일로 저렇게 엉켜 붙어
발자국을 찍지 못하게 하는지

습설의 분노를 알지 못한다
혀를 차는 입김이 나오다 얼른 긴장하여
눈 속에 까무러치는데
입을 꾸욱 다물 수밖에

눈이여!
가볍게 오라
봄이 부드러운 바람으로 오듯이
살랑살랑 내리면 강아지도 좋아서
데굴데굴 구르고
나도 길 위에 길을 만들고 싶다

고백

펜을 잡고

망연히

흘러 보내는 시간

강물 아래로 가라앉았다

흐릿한 정물만 고정되어 멈춘 시간

소란스러운 생각만

뿌옇다

매미의 노래, 고전이 되다

매미의 떼창 속에
지글지글 끓는 여름

떼르르르 쿵
떼르르르 쿵

바닷속으로 달아나 보지만
변곡점이 되지 못하는
정오의 불볕이다

섣불리
먼 숲에서 정적을 깨고
달팽이관을 헤집는 매미의 구애를
노래의 진화라고 착각하지 마라

맴 맴 맴 매-앰

내 귀는 매미의 옛 노래가
그립다

눈동자

그윽한 바람 한 점 그립다

눈동자 똥글똥글 굴리는 소리가 난무하는
잘난 척
더 잘난 척
척, 척 겨루다 핏발을 세우며
제 핏발 터지는 것을 못 보는 광경을 비켜

내 거울 앞에 섰다

놀라서 똥그랗게 봤던
눈동자의 부위를 확인한 후
혹시 안구 건조증이 재발할까봐
동그란 물방울 통통 떨어뜨려 진정시켰다

잠시 내려앉은 눈꺼풀 안에서
허무의 시름을 씻고

그윽하게 부는
바람 한 점 기다리며 창窓을 연다

시간을 걷다

나의 여정을 기다리기나 했듯이
가을은
하동에 먼저 닿아 있다

제 빛깔을 찾아 짓는 단풍잎
소란과 어울려 오히려
적막한 하동호수

둘레길 주변에는
부드러운 바람의 카디건을 걸친 숲
비바체의 느낌이 생생하게 스미는
햇살의 금빛과 함께 나무를 아우르고

각별이 아름다움을 찾지 않아도
직면하는 부드러운 흙의 온기에
저 혼자 폈다 사라지는 슬픔이 아름다워

지속적으로 노정하는 공허함이 멈추고
존재를 사유할 시간을 만들어
여유를 담보한다.

출산의 진통

시는
전하고 싶은 메시지가 많고
나는
그것을 읽어내다가
철저한 플롯의 강박에 펜을

서로를 구해내기 위한 세월도 제법 흘렀는데…

그런 세월이 쌓여
어느 날 거만해져서
시를 소개할 때
나의 삶 나의 동행이라고 말하려다
혀가 먼저 헷갈렸던 적 한두 번이 아니다

마음속에서 멈춘 그것으로 인해
몇날 며칠을 잘못한 일이 없는
시를 되레 외면하고
일부러 잊고 사는 후유증으로 고독해야 했다

감정은 되도록 억제해야 한다는
엘리엇도 그의 시 황무지의 앞부분에서
'4월은 잔인한 달'이라고 직설한 것을
나의 위안으로 삼고

아무 일 없는 듯이
멀쩡하게 시를 불러내고
그에 알맞은 옷을 짓느라
시간의 재봉틀이 바쁠 때가 수 없다

태풍 속 가자미

맹렬한 열대성 저기압이 상륙하여
휘몰아치는 바람소리가 얄궂다

모른 척 잠들려다
입을 꽉꽉 다물라고 잠가 두었으나
제 몸을 가누지 못하고 흔들리는
유리창 소리에
눈꺼풀이 이마로 올라갔다

태풍의 성쇠가 소리인 줄
진작 몰랐으니
신랄한 소리의 맹독성을 피하려면
땡글땡글 눈동자라도 굴릴 수밖에

지치면 잘 테지, 너도나도

그건 읊조림일 뿐이야

귀 막고 눈 뜨고 입 다물고 이 물고

〉
잔인하게 굴러다니는 비바람
우르르 쾅쾅
광란의 바깥소리에
도저히 너도나도 잠들 수 없는 밤

세상을 단박에 부도낼 기세다

내일을 살려면
집 한 채라도 단단히 붙들고 있어야
살아갈 수 있을 테지
세상 물가도 따라가지 못하는
지붕 따까리가 금쪽같이 느껴지는 밤
유리창이 흔들리는 것이 대수가 아니다

납-짝 엎드려 눈을 똥그라니 뜬
가자미의 밤으로 지낼 수밖에
태풍 속에서 사는 법으로

세수

새벽에 사알 내린 눈
햇살 속에서 무지갯빛

시간을 잊지 않고 그대로
눈 속에서 드러내는 오늘의 것들

물방울을 한 방울 탄 듯
사뭇 해맑다

도서관에서 여행하다

일상이 방전되어
충전이 필요할 때
책 제목 읽기 여행을 했다
도서관 책장 앞에서 시계방향으로
위에서부터 아래로
아래에서 옆으로 이동하다가
만난 상상공간은
사방팔방의 벽을 다 허물었다
돌아다보면
도서관은
셀 수 없는 여행길을 둔 여행지였다

책장 뒤의 길
캐리어를 끄는 소리가 요란하다

쇼팽을 따라간 여인 • 박미정

제3부

폐선

정박한 시간이 녹슬고 있다
잊고 사는 일이야 허다하지만
짭짤한 갯바람 삐걱대다
뼈를 무너뜨리고
허리가 시린 뱃고동
허공을 짚고 있다

여름 제라늄

꺾꽂이한 지 두어 달 되는 제라늄 여럿 중
하나가 허리를 펴고
태양의 빛깔
꽃잎을 따다 붙이고 섰다

빨랫줄에 허리를 반쯤 걸치고
처져 내려온 소매 끝자락의 물방울
꽃 위에 낙하하더니
나신裸身이 되어 사라졌다

생일 선물이듯 눈부신 표정으로
보내오는
그대가 있어 행복하다는 제라늄의 결기에
여름 발자국의 뜨락이 시원하다

가을꽃

제라늄을 보고 앉았다
오랜만에
무선으로 들어오는 것들을 끄고
가을을 향한
꽃대를 유심히 살폈다
분홍빛 입술
꽃잎에 흔들어 줄 바람이 없어
유리창을 열었다
높아진 하늘을 향해
끝까지
밀고 올라갈
꽃대의 표정이 하늘하늘
제라늄 오늘따라
가을꽃이다

해루질

밤바다 얕은 곳에서
손바닥을 내밀어
파도를 채취 한다

별동별을 따라온
파도의 비늘은 내 손바닥에서
미끄럽게 다 빠져나가고

빈 어롱 속에는
먹물 같은
갯벌이 깔려 있다

푸른 먹물

밤은
수평선을 넘어오는 파도였다
조용하지 않아 잠들 수 없으니
어둡고 균열된 조각의 잎사귀들 줍는
시인의 것으로 치장했다
이쪽과 저쪽 사이를 잇는 해안선
융기와 꺼짐의 덫이 매몰되어 편편하다
말·말·말
쓰지 못할 것들이
가슴의 얼개를 빠져나갔다
얼마나 아파야 자유로울지
푸른 먹물의 붓끝에
하염없이 반짝이는 별이고 싶은
시詩
그러나 그것이 사치가 아니라고
속삭여 주는
나의 바다다

그냥 1

그럴 때가 있다
바람이 잠잠할 때

양지에서 심드렁하게 누운 백구가
억지로 눈을 껌뻑거리고

햇볕에 사위어가는
그림자 속 산그늘이 깊어지면

마루 끝에 내리고 있던
발을 올리고

혼란의 무늬를 붉게 적시는
노을의 진혼곡에 무릎을 꿇고 싶다

그냥 2

그러고 싶을 때가 있다
멍하니

살아오면서
그것을 쉼표라고 생각하게 됐지
잦지는 않았지만

어쩌다 한 나의 그것을 오해하는
너를 설득할 대안이 없어

또 사용하는
그냥

그냥 3

출산 했지
진통을 예사로 말할 게 아니야
갯수가 늘어날수록 고통이 심했다고 하면
믿겠어?
너라도?
도서 가판대에 가 봤지
얼굴도 제법 야무지게 씻은 게
후회되는 거 있지
왜 그렇게 부끄럽지
남의 것 보듯 책장을 넘기는데
모르는 옆 사람이 똑같이 쥐 길래
혼비백산하여 달아나왔어
왜 그랬냐고?
……,
딱히
그냥이야

밤바다
　-거제도에서

한낮엔 길마다 따라다니던
바다가
없다

석쇠 위에 구운 살찐 장어냄새
술잔에다 헹구는 사이

누군가 검은 팩을 얹고
나를 낯설게 쳐다봤다
커다란 검은 눈동자 하나만 댕그라니 뜨고

포레 무언가

단조 네 개가 붙은 오선지
H작곡가가 보내왔다

비 오는 날의 낭보는
단조롭지 않은 그녀의 세월이 극복한
난관의 피날레를 이미지화하기에
나의 청각은 무모한 여행일지라도
기꺼이 떠났다

피아노를 통째로 블랙홀에 빠지게 한
그녀의 손목 뼈 골절은
그녀의 비통만큼이나
나의 슬픔이었으니

압박붕대가 풀리던 날
지난 일 년 여 시간은
함정구간이었음에도 불구하고
성찰의 시간이었다니
나는 아예 복잡한 악보를 거치지 않고 귀에 댔다

낭떠러지를 모르는
문외한의 거침없는 청각여행기에
기억하기에 어울리는 장식 없는 낭만

포레는
나이 들면서 잃어가던
청각에 대해 의문한 나의 애수를
되레 위로하는 선율을 전해와
감성을 울렸다

화해

발바닥이 시리다
여름 끄트머리에서 맨발로
해안선을 쭉 따라 걷겠다는
나를 눈치챈
파도는 하얀 거품을 물었다

유영하는 불빛에
되레 뿔난 핏기까지
따닥따닥 붙은 파도의 파편들
발목을 차고 오르다가
떠밀려가며 다시 살아나는
살갗 베인 물
검푸르다

구름을 스쳐 나오는 별
반짝이며
허무맹랑한 실랑이를 말렸으므로
발바닥은 따뜻해졌고
파도는 하얗게 온순해졌다

낙동강의 여름 한 수

강물 위에
또르르
햇살 구르고

땡볕 무더위
자맥질
하는

한낮
낙동강
풍경 속에는

뭉게구름
나직이
뭉게뭉게 피어나 있다

노루귀

볕바름이 근사한 양지를
곁에 두고
찬바람 비벼 털며
바위 아래 터 잡았네

계절 일찍 찾아
온
어여쁜 너의 꽃
파르라니 웃고 있어

참으면 복 온다는
어른신들 말씀이 저절로 떠올라
네 앞에 다소곳이 무릎 꿇는 사랑아

길

길은 정해져 있지 않다
그러나
만들어진 길을 갈 때는
꼭 그 길을 따라가야 한다

그냥 길을 가고 싶을 때
세상을 빗나가는 길만 아니면
시간까지 주어진다면
꼭 그 길을 가보라

길은
늘 열려 있어
누군가가 걷고 싶어 한다면
길을 보여 준다
길을 보려고 하는 사람에게는

마치
시인이 시를 찾아 헤매면
시가 보이는 것처럼
길도 그렇다

마냥

햇볕이 애만지는 제라늄 꽃잎
마드리드 골목의 삽화같이
보이던 날
앨범 속에 쟁여 둔 추억을 꺼냈다
하늘은 빠르게 벗겨지며
제트기 오간 길을 선명하게 드러내고
대서양을 횡단해 왔을 바람은
방싯거리며 유리창을 여민 울림
꽃잎은 민감하게 움직이며
햇빛처럼 반짝였다
신기루일 뿐 떠남이 없는 여행을
작은 단서들이 드러나
충일하게 하는 봄
시간의 얼레를 풀며
마음껏 얼마든지 추억을 가꾸고 있다

봄을 따라가다

라디오 속을 산책하다가
수풀 부리에 걸려
잊었던 시간을 알아채고 서둘렀다

챙길 것을 놓치고 나온 것에
마음을 뒤쪼다 보니 흔들리는 외출
돌아가고 싶은 갈등은
골목길 꽃잎 바람에 허물어진다

낙동강에는
수양버들 우듬지 연둣빛에
방울 북 치는 물결 소리가 반짝이고
물새 날갯짓 행렬이 분주하다

미슐랭 가이드북을 잘 읽은 달팽이

음식값으로 별점이 매겨진
호텔을 찾던
백 년 전의 일을
어쩌다가 한번 해 본 그녀
현대인의 가치라고
거들먹거림이 낯 두껍다

마치 수백 년을 앞서간 것처럼

선사 로마시대부터
식사 전 입맛을 돋았다던
달팽이가 이슬을 이고 나섰다
고개를 뺐다가 넣었다가
두리번두리번

봉선화꽃잎 턱 아래 딱 멈췄다

셰프 앙투안 카렘을 잘 피한
달팽이와 다르게

가치에 갇혀서
미슐랭 가이드북을 빛나게 한 도로표지판을
손에 쥐고서도
맛과 길을 잃을 뻔 했다

쇼팽을 따라간 여인 • 박미정

제4부

설날

섣달그믐날
일찌감치 잠자리에 들었다가
새벽 울리는 알람소리에 깼다

얼른 거울 앞에 서서 눈썹을 봤다

거울에 비친 창밖이 온통 하얗다

섣달그믐날 눈꺼풀을 내리면
눈썹이 하얗게 된다던 어머니 말씀이 떠올라
방마다 문고리를 흔들어 깨웠다

일상이듯 어젯밤을 보낸 탓으로
지붕마다 하얗게 된 설날

강서마을의 아침

동 트면 제일 먼저 환한 동네
낙동강 강서마을 넓은 그곳은
부지런한 사람들의 새벽 손길로
어머니의 가르마 바른 것처럼
밭이랑이 단정한 아침이 있다

강물이 부지런히 흘러내리듯
부지런을 못 따르면 아쉬워하고
강 따라 흐르는 강물이듯이
세월을 따라 흐르는 하루아침을
분주하게 날마다 빛내고 있다

사는 것이 다르다
다르다지만
지평선이 넓은 그곳에 살면
강물 소리 장단을 맞추게 되고
호미질 소리 날마다 흥겨워

사는 것이 다르다

다르다지만
강서마을 사람들 사는 걸 보면
저절로 어깨가 들썩거리고
돌아올 시간들이 빛나고 있다

요람으로 향하다

기차는
종착역으로 달려가는 레일을 탔다

꼬리에서 꼬리를 무는 바람 소리에도
밤을 꼬박 달리는 시간은
철거덕 철거덕
레일과 부딪치는 기차의 무게를
재고 있다
울적에
건조한 안구는
기차의 바깥에 투명한 화살을 쏘고
삶을 토吐하다가
건널목을 지날 때
일단 멈췄다

아무도 건너는 사람이 없는데
생의 그림자이듯 어둡다

꼬깃꼬깃 벽 속에 갇혔던

유선을 펴서 지우고
무선 속에다
처연한 울림을 구겨 넣고

침목의 뼈를 하얗게 못질해 달리는 기차

기적소리의 곡선으로
칠흑의 밤을 점멸해 가며
시작과 끝이 있는 그곳, 요람으로 향하다

강서의 들판에서

태양이 동트며 먼저 바라보는 곳
낙동강의 서쪽마을 강서에 가면
너른 들판 푸른 빛깔 아름다워서
어머니의 손길이듯 마음 가닿네

낙동강 바람은 오늘따라 고와서
새들이 날아와 흥을 돋우니
농부는 농부가를 흥얼거리며
밭이랑 돌아가며 사랑을 주네

그윽한 손길에 반짝거리며
푸른 별 하나하나 신나는 노래
들판을 가르며 피고 있으니
사는 재미, 재미있어 사는 사람들

낙동강의 서쪽 마을 강서에 가면
부드러운 바람의 역동적인 힘
푸른 들판의 꽹과리 소리
신명 나는 계절의 기다림 있네

바닷길 산책에서

저 멀리 수평선 맑게 피던 날
쾌청한 파도 소리를
돌아다니며 구경했다

밀려갔다 밀려오는 리듬에 맞추어
부드러운 곡선을 즐기는 해안선
참 예뻤다

파도 끝을 또르르 말기도 하고
풀기도 하고
파도 끝을 또르르

셀 수 없이
눈부신 꽃 피었다 사라졌다
사라졌다 또 피었다

다소곳이 내려앉아
현을 부드럽게 타는 햇살
반짝이는 소리에 가슴이 출렁했다

무화과

봄은 저리 분주한데
가지 끝 식은 사랑 한 점 뿐
묘비처럼 뼈아픈 추억 안고
땅 위의 노래는 무덤으로 솟아난다

꽃을 열지 못해
고통의 구겨진 웃음도
불임으로 엉킨 햇빛의 무게를
털어 낼 수 없어
동거하는 너를 멀리 하였으니

생 한 번 열지 못한 죄로
골고다 언덕을 넘어
적막과 고요만이 살아 숨쉬는
사막의 주름까지 겹으로 덥는다

거칠게 흐르는 별 아래
이 도시의 더러운 숲에서
음지를 베고 누워

천 년 세월 흘린 눈물

허물어지는 노을과
절망에 익숙해지며
오늘도 한 마리 갑충甲蟲으로
고독을 질기게 빨아 넣고 있다

대구 수성못에서

도시가 그리운 한적함이
여기에 있다

빌딩 속의 고요가 그리울 때
홀가분하게 그곳을 에두르고 있는
벤치 하나와 접촉하여
오리 떼의 등을 타고 노니는
햇살의 반짝임을 따라
물결의 파동을 읽으며

소음과 바람을 가라앉히고
그 안의 오래된 그림이듯
물 안에 붓질 되어 있는 풍경 한 폭에 꽂혀
울컥, 나의 손끝은 글을 위장하지 않고
그 안에 빠져서
아름다운 도시, 대구를 쓰고 있다

부산 사람들

낙동강을 보고 나고 보고 들며
낙동강의 손님을 눈여겨보네
계절마다 달라지는 창공의 새 떼
오는 길 가는 길 어디 쯤 일까

기러기 날아드는 겨울 저만치
들리네, 들리네, 날갯짓 소리
허공에 길 내는 날갯짓 소리
낙동강 하루의 유려한 물결
을숙도의 생명을 살리고 있네

강물이 넘실넘실 흐르는 것을
이별이라 생각하면 못내 서러워
갈대숲의 바람 소리 낭만을 삼고
사시사철 사는 사람들 부산 사람들
낙동강 안에 피는 을숙도 향기네

내 고향의 토성고개

통영의 토성고개는
태평동에서 북신동 쪽으로
북신동에서 태평동 쪽으로
가고 오고
오고 가는
길목이다
그 언덕을 보고 섰던 고향집은
그 당시 흔하지 않던
자동차 소리가 마당에서 놀기도 했다

어느 날
엔진소리가 유난히 숨 가쁨에
큰일 났다고 발을 동동 구르며
엄마를 불러댔더니
빠른 걸음을 고르시고 나와서
예닐곱 살쯤 되던 나의 안달을
쓸어 주셨다

그 고개에

엄마가 만들어주신
바람개비를 들고 나가면
날개를 단 바람이 풍차이듯 돌고
나의 단발머리는 신나게 날렸다

고갯길을 오르내리는
뱃고동 소리에
파도를 타듯
팔을 길게 뻗기도 하고 잡아당기기도 하면
바람개비가 부는 바람길에
바다가 열리는 그 언덕

엄마~ 부르면 더 신났던 고갯길
나의 그리움이 되어 고향을 지키고 있다

느리게 가는 시간

내가 가면
고향은
먼 추억이 느린 시간으로 가고 있다
골목길이 사라지고
좁은 도랑물 소리도 사라졌지만
아버지의 문패가 걸렸던 집을 찾아서
가면
어머니의 치맛자락을 꼬옥 잡고
졸랑거리던 작은 소녀
꿈의 새이듯 살포시 날아와
거기에서 함께
사라진 것들을 불러 모아
시간 맞추는 퍼즐놀이를 한다
맞다, 맞다, 그렇지
너는 그랬지
연일 떠나지 않는 뱃고동 소리 가득한
항아리 항구도 그렇고
노을이 떠날 때까지 한참 보고 있으면
수정처럼 맑은 돛단배

서녘을 넘을 때
눈시울 적시는 눈물은
세월을 한참 살고 난 후
주름 속에서 생긴 또 다른 시간들이다

벅수

지금도 가면 그곳에 서 있다
내가 초등학교 가던 길목에
이젠 세병관洗兵館을 지키면서

눈이 부리부리하여 무섭다고 했더니
괜찮아, 너를 지켜준다고 서 있는 걸
엄마의 다독거림에 금방 친해져
오며 가며 손을 흔들어 주곤 했다

엊그제 명절날, 아이들 오는 길목에
아니 자동차가 들어오는 길목에 서서
벅수가 되었다
시간에 맞춰나가 섰을 뿐인데
화들짝 놀라는 아이들, 다 컸는데도

괜찮아 시간이 있어서 나와 본 걸
옆에 탔다, 정말 잠시
그러나 긴 여행처럼 살가웠다

벅수의 마음을 그려 볼 심사로 백지를 폈다
언감생심焉敢生心이지만

만다라 속에
새벽의 보랏빛 서서히 엷어지며
성가신 생각들을 지워주고 있다

그렇게 눈을 부리부리하게 뜨고 섰어도
무섭지 않은 내가 두려울 뿐
때론 우두커니 새벽을 보내고 아침을 허락 한다

부산 신선대

이곳 산세는 못을 둘러싼
용의 형상과 닮아 용당이라 부름을
다시 새기며
시월 초입에 나무계단 능선을 따라

숲길이 건네는 숲이 물드는 소리
지저귀는 새소리와 바람의 추임새에
즐거운 파랑을 치다가
계단을 오르면 가을의 춤사위가
절정을 이루는 쪽빛 하늘이다

산 끝 거기에
신선의 발자취와
백마의 말발굽 소리를 기억하는
무제등 큰 바위도 그 아래 있다

나의 펜과 종이

나의 펜,
시를 향하여
움직일 준비가 되어 있어
나의 안팎 어디에서 낌새만 보이면 된다

종이 위에서 우연히 만나기보다
간절한 바람으로 맞닥뜨리는
시가 오는 그땐
나의 펜과 종이가 죽도록 사랑할 기회다

나긋나긋하지 않고
벼랑 끝에서도 실마리를 풀지 못하는
시를 만나면
예리한 눈을 번뜩거리며 다스려
온몸을 바쳐 구해내기도 했다

습설을 퇴고하다

눈이여!
예전처럼 가볍게 오라

강아지도
좋아서 데굴데굴 구르며 뛰어다니고
손 시린 줄 모르고
눈사람을 만들며 웃는 아이들
좋아서
종일 뛰어다녀도
부드럽게 발을 받혀주던
그런
차림으로

습설을 이고 선 나무의 고개가 무겁다
그것을 보고 선 내 어깨도 아프다
나무와 나는 온몸이 저리다

속수무책인 겨울
침묵이 길다

숙연한 아침이지만
제 몸 챙기기 바쁜 출근길에는
누가 누구를 자세히 볼 여유가 없다

습설로 다져진 길을 걷느라
고개를 들지 못하는 사람들
제각각 살아내기 하는
인내가 길다

눈이여!
예전처럼 가볍게 오라
그래야 너도 사랑스럽다

삼락 생태공원의 봄

햇살이 물 위에서 맨발로 걷고 있다
빛의 쇄기들이 깨운 연둣빛
버드나무에 번졌다

자전거 페달이 굴러가는 소리에
개나리가 화들짝 문을 열어
언덕에 나와 섰고

명랑한 아이들 목소리처럼
화사하게 옷 챙겨 입은 풀꽃들
건조한 수풀 속에 봄을 심고 있다

철새 떼 돌아가는 시간에 맞춰
돌아온 봄의 시간
온통 기다림일 수밖에

개구리가 알을 낳고
봄잠을 자는 맹꽁이는 그대로 자게 해두는
봄날의 자유로움도 이곳에 있다

제 5 부

약손

큰 화분을 채우며 커 가던
서황금을 수레에 싣고
분갈이 하러 갔다
손을 쩔쩔 흔들며 어렵다는
꽃집을 뒤로 하고 돌아와서
그와 나의 손을 합쳤다
긴장한 호흡으로 진땀을 흘리며
화분을 깨야 하는 위기를 넘기고
굵은 뿌리를 나누는 것을
성공했다
마치 로켓 발사를 성공시킨
과학자의 기분이 되어
약손으로 박수갈채를 보내고
물을 준 두어 달 후
생의 우여곡절을 말끔히 씻어낸
황금빛이 눈부시다

마당극
― 안동하회마을에서

1막
떨어져 내린 낙엽이 노랗다
건조한 몸을 오그리고
마당 쓸고 있는 소리가 건조하다

2막
멀어져 더욱 아득한
저 하늘을 바로 보고
붙들고 있는 나뭇가지에 파르르
몸을 도사리고 우는 단풍 잎사귀
우수수, 우수수 우는 소리
저 소리를 나는 알지
바스락 바스락
아니 우수수 아니 바스락…

3막
에라, 한바탕 놀아보자
내 몸 내가 알지
구시렁구시렁

낙엽 떼
구시렁구시렁
바람아 불어라 불어 다오
떼, 떼 몰려다니며 마당 쓸어 볼게
네 승 내 승 다 가면 속에 넣고
얼씨구 절씨구 지화자 좋다

4막
이왕 펴 놓은 덕석에서 잘도 놀아보자
나뭇가지에서 끝까지 남아봐라
오래도록 살아보라
제발 목숨 줄 놓지 말고
살아보니 별거더냐
살 땐 단풍이고
죽으면 낙엽인 것을
끄덕끄덕…
이승과 저승이 멀지 않구나
나뭇가지 끝에 매달린 저 허공
구름의 가면을 쓰고 바람의 가면을 쓰고

없다, 없다 싸우고 살 일이 없다
끄덕끄덕…

5막
단풍을 다 벗은 은행나무
낙엽을 깔고
빈 나뭇가지 허공을 향해
팔 벌린 형상을 하고 동구 밖에 섰다
구시렁구시렁 끄덕끄덕
끄덕끄덕 구시렁구시렁
서서히 사라져가는 가을의 페르소나

사람

뱃고동 소리는
빌딩이 여기저기 솟기 전에도
아주 그 이전에도
부산 구석구석에 살았다

새로 생긴 길은
시時를 가리지 않고 은근히 부는
그 소리를
소음인 양 매끄럽게 밀어내고
벼슬로 삼고 사는 것이 아닌지

때론
사람 사는 것도 다르지 않아서
길을 내어 주면
원래 있던 길을 뭉개고
스스로 원래이듯 넉살 좋은 사람을
구경해야 할 만큼 인생은 길지 않다

한낮 흑의 장막

작열하던 태양이 순식간에
회색구름에 갇히어
한낮의 밤이다

너무 갑작스러운 한낮의 장막을
기억의 장에다 썼다
-2021년 8월 11일

정오의 낮이 어두컴컴하여
자지러지던 매미소리도 잠잠하고
나는 허둥지둥하다가 백열등을 켰다

이 황당한 상황을 기록하는
자판 위의 내 손끝은
파발마의 말굽소리를 내고 있다

오직 나만의 촉으로
땅과 하늘의 침묵을 놓치지 않으리라

가을 속으로 묻히기엔 아직 이른데
맹 더위의 심상한 관 위에
코로나가 불고 다니던 나발까지 얹어졌으니

어둠은
순간적으로 찾아왔으나
긴급한 처방을 분명 전달해 왔다

봄비

비가
아장아장
풀잎에 앉았네
귀염이 철철 넘치는
물방울 또르르
또르르 웃는 바람에
우산을 펼칠 수 없네
목을 빼고 내다보며
어디로 가볼까
어설픈 몸짓의 서릿바람
가맛바람으로 돌려 내리는
봄비,
자비의 꽃이네

봄엔 더 그립다

 봄은 늘 밖으로 불러냈다. 쑥 캐는 맛을 알았을 때 쑥을 캐러 가고 싶어서 엄마를 졸라댔다. 충렬사 가까이 있는 논두렁에 가면 쑥이 많았다. 많이 캐고 싶은 안달에 서둘렀지만 작은 손바닥보다 큰 소쿠리는 밑바닥을 가리지 못했다.

 봄은 친구와 소꿉놀이하기도 좋았다. 골목길 양지바른 길목에 친구들과 소꿉놀이하기로 작정하고 엄마가 잘 보관해 둔 돗자리를 내어달라고 졸라댔다. 엄마는 언제나 그랬듯이 내가 원하는 장소에 그것을 잘 깔아주셨다. 모아둔 따개비를 살림살이 삼고 키 작은 풀들을 고루 뜯어 반찬 삼아서 엄마놀이를 했던 나의 봄, 늘 그렇게 나를 불러냈다.

 봄은 꽃을 피웠다. 꽃밭에 아기자기 피던 꽃, 이름을 몰라도 좋았다. 설령 이름을 알아도 이름보다 피는 것이 더 좋았던 나는 봄이 커가는 것에 신이 났다. 봄부터 피기 시작하면 우리 집 울타리는 장미넝쿨로 향기로와 봄은 내가 어린 시절, 나를 기다리게 했다. 치마를 입고 싶다고 엄마를 조르면 아직 춥다고 타일러도 응석을 부리는 나를 이기지 못했던 엄마, 엄마가 보고 싶어지는 봄, 봄엔 더 그립다.

호접란

수평으로 뉘인 꽃대에
조롱조롱 달린 꽃망울
심장 가까이로부터 하나 씩 터뜨리는
곧은 여유가 소란하지 않다

자줏빛 연한
꽃잎이
태양의 남중고도가 가장 높을 때
피어
유리창의 폭염을 빨리 사라지게 했을 뿐

별이 빛나는 밤에도
나의 나비로
한 시도 떠나지 않아 향기롭게 잠들 수 있는
사랑 밖에 모르는 내 사랑이다

가을 자두

너의
새콤한 맛
눈꼬리 올리는 진저리
요동을 치게 하다가

너의
달콤한 맛
절정에 오르게 하는
유혹이 있지

삶은
새콤달콤
하더라
비문에 쓰면 너무 건방진 건가

절망

소동을 벌였다
멧돼지 한 마리가 마을을 덮쳤다

그보다
그보다 구별하지 못한
내 인식 안구가 불량인가 싶어
문을 두드렸다
부·재·중
문 앞에서 기다리든지
바깥 쑥대밭을 보고 살든지
안경알이 부서지도록 빡빡 밀었다

새삼
우물 안 개구리가 참 무서워졌다

환기

온도 차이는 테이블 거리와 같다

길든 짧든 침묵의 경계가 생기면

혼자 독주하듯 하는 이야기는 멈출 수밖에 없다

 더 말똥말똥해지는 신경감각이 달팽이관을 깨우고 천천히 꼬물꼬물 가림의 막을 칠 까말까하던 눈꺼풀의 작동이 멈추고 헤드라이트 같은 불빛을 켠 눈동자들의 집중과 함께 무안한 표정이 오히려 귀엽다는 생각이 들겠지만 흔하지는 않다 만약에 그런 불상사가 생긴다면 그것을 염두에 둔 나는, 그때가 찬스일 거라고 일독했다

어느 날의 일기

바쁘게 열던
하루가
너무 적적寂寂하다

어쩔 수 없이
일상이었던 나의 그 심상을
사라지게 해 준 당신

살 속의 피가 뜨겁듯이
새삼 고마워
눈을 비비는 눈시울

내일은
그대의 기척이 있는 곳으로
시동을 걸리라

비 멈춘 그날

백련암에 가면
아름드리가 아름다운 한 그루
은행나무가 있다

침묵의 소리를 노랗게 드러내기를
몇 백 년
경건함이 창창한 나이를 만들고 있다

우연히 찾은 그날
고양이 한 마리 사뿐사뿐
은행나무 아래 한참 아래에서
제 키만큼 내려와 노는 잠자리를 쫓았다
맨발을 들고 살금살금

절간에서 귀한
생선 냄새를 맡았나보다
풍경까지 소리를 죽이고
흥건히 고인 물 위에 그림자만 뉘고 있다

탐욕의 제국

바위에 오르다가
깨어진 바위 틈 사이에서 흔들거린 발바닥은
먼지 없는 방을 빼앗긴
그 안에 것들의 저항을 받아 나뒹굴어졌다
허공을 자랑스럽게 이고 다니던 머리통
일순간에 혹 하나를 툭 붙이자
죽는 시늉을 내고
사색이 된 발바닥을 거두고
서해 강진의 해가 세 시를 가리킬 때
그 아래를 비켜나 수직으로 섰다
갯바닥에서
십 원짜리 동전보다 작은 구멍 만들기를 놀이 삼는
짱둥어는 팔딱 뛰고 솟았다가 숨기를 반복하며
바다를 밀고 있다
오늘의 혹 하나가 머리 어디에 붙었거나
섣불리 달라 든 댓가다
뾰족하게 날을 세운 바위를
렌즈 속에 들어갈 오브제로 삼은 것부터
철없는 막내딸의 행동을

만약에
어머니가 보셨다면
"탐욕을 부릴 만큼 인생은 길지 않다"
하시며 위로해 주셨을 텐데…

나의 제국 안에 든 탐욕 중 하나인
어리석음이 붕괴됐다고
나의 영원한 바다를 향해 고백했다

우박 소동

유리창을 깰 듯
요란한 문 두들김으로
나의 깊은 밤이 스러져 나갔다

그렇게 찾아온 우박의 난리법석에
하얀 유성이 떠내려오는 것으로
착각하여 유리창을 닦았다

우박의 진동으로
시간의 간극을 자를 듯
간헐적으로 비명을 지르는 바람

다급해진 초겨울의 대지는
낯빛을 진정할 수 없어
얼얼해 했다

입춘, 여기에 있다

사상구민들의 행렬
이때면
꼬리에 꼬리를 잇고 있다

땅 속에서 숨 고르는 봄
기다림의 얼굴들
웃음 띤 홍조

명필가의 서예 붓글
편안한 음색에 드러나는
입춘대길

가슴에 품은 희망 포장을 풀고
촉수에 번지는
푸른 노래가 힘차다

○ 시집해설

보랏빛 화해和諧의 시적 지향

구 모 룡 (문학평론가)

1. 시와 존재의 길

　시인에게 시를 만나고 표현하는 일은 삶의 방법이자 과정이다. 이러한 사실은 열 번째 시집을 내는 박미정 시인의 경우에 특히 도드라진 표정이다. 실존의 감각을 말하려는 존재론적 시학이 유난한데 시에 관한 시편 meta-poem인 「출산의 진통」은 자기의 시법을 "나의 삶 나의 동행"이라고 말하고 있다. 낭만주의를 이끈 아우구스트 슐레겔은 "모든 시는 시의 시다"라고 하였다. 먼저 마음에 내재한 시가 있어 이를 언어로 표현한다는 의미를 내포한다. 시인의 삶은 마음속에 시를 품고서 이를 표출하는 과정인데, 시가 "전하고 싶은 메시지가" 적지 않아 이를 읽어내려는 "철저한 플롯의 강박"에 사로잡히면서 "서로를 구해내기 위한" 긴장된 수행의 시간을 보내지 않을 수 없다. 때론 어긋나 멈추고 외면하면서 고독하게 기다리기도 하고 때론 감정을 절제하면서 제대로 된 시를 불러내어 직조하는 일로 분주하기도 하다. 이처럼 「출산의 진통」이 말하고 있듯이 시인은 시를 부르고 서로 환기하며 만나는 "동행"의 삶을 변함없이 지속하고 있다. 또 다른 시편인 「길」은 시인의 시법과 수행을 '길'에 비유한다. "길은/늘 열려 있어/누군가가 걷고 싶어 한다면/길을 보여 준다/길을 보려고 하는 사람에게는//마치/시인이 시를 찾아 헤매면/시가 보이는 것처럼/길도 그렇다"라고 진술하듯이 시와 존재의 길이 상통한다. 가깝게는 실존의 수행이고 멀게는 깨달음의 도道와 이어진다.

> 나의 여정을 기다리기나 했듯이/가을은/하동에 먼저 닿아 있다.//제 빛깔을 찾아 짓는 단풍잎/소란과 어울려 오히려/적막한 하동호수//둘레길 주변에는/부드러운 바람의 카디건을 걸친 숲/비바체의 느낌이 생생하게 스미는/햇살의 금빛과 함께 나무를 아우르고//각별이 아름다움을 찾지 않아도/직면하는 부드러운 흙의 온기에/저 혼자 폈다 사라지는 슬픔이 아름다워//지속적으로 노정하는 공허함이 멈추고/존재를 사유할 시간을 만들어/여유를 담보한다. (「시간을 걷다」 전문)

여행길에서 만나는 사물의 생동하는 표정이 역력하다. "빛깔"과 더불어 "소란"이 어울리다 "적막한" 풍경이 겹쳐진다. "부드러운 바람"은 생명의 기운을 은유하기에 족하다. 이에 "비바체의 느낌이 생생하게 스미는" 과정에서 "햇살"과 "나무"와 "부드러운 흙" 등의 모든 사물이 서로 화육하는 모습이 아름답다. 또한 이러한 가운데 "저 혼자 폈다 사라지는 슬픔"이라는 유한성에 자각이 시적 의식의 전환지점으로 지핀다. 따라서 "지속적으로 노정하는 공허함"이 낯설지 않고 "존재를 사유할 시간을 만들어/여유를 담보한다"라는 결구의 진술에 공명하게 된다. 풍경에 동화하는 자아의 동일성을 획득하기보다 실존을 사유하는 거리를 만드는 일을 놓치지 않는다. 이처럼 시인은 "길"을 통하여 "지혜"와 "세상의 이치"(「세상 읽기」에서)를 구하는 시법을 지속한다. 가령 「설해목」이나 「길 위에 길을 만들다」와 같은 시편들은 존재의 "고통"과 슬픔을 "유한한 존재성을 자각하고/현실에 적응"(「설해목」에서)하는 과정으로 지각하며, "나도 길 위에 길을 만들고 싶다"(「길 위에 길을 만들다」에서)라며 눈이 내려 힘들어진 외부조차 견디고 기다리며 이겨내어야 하는 실존의 긍정과 낙관의 행로로 인식한다.

  시인의 존재론적 감각은 무엇보다 단독자의 고독과 유한성에서 비롯한다. 단속적으로 찾아오는 "외로움"과 "공허"를 피할 수 없다. 가령 「가라, 외로움」에서 "나는 시간을 어정거리며/바쁠 시간을 기다리는/공허를 견딜 수 없어//몇 달째/보랏빛 꽃 한 송이를 꺾지 않는/호접란 옆에 쪼그렸다"라고 진술하고 있다. "예쁨에/이지러지는 외로움"을 느끼면서 마침내 "사는 것은/바라보는 당신에게서/예쁨을 발견하여 사랑하는 것"이라는 마음을 표출하는데, 화자가 "보랏빛"으로 상징되는 미적 지향으로 삶의 의미와 가치와 사랑을 인식하고 있음을 알 수 있다. 「고립의 벽, 그 안에서」가 말하듯이 시적 화자의 말을 빌려서 시인은 "나 혼자"라는 홀로 있음을 두려워하거나 회피하지 않는다. 이를 존재의 조건으로 인식하기 때문에 단독성의 의미를 부각하려는 의도를 갖지 않는다. 오히려 이러한 바탕 위에서 사물을 만나고 일상을 실존의 사건으로 인식한다. 「소소한 일상」이 말하듯이 시인은 일상 속에서 내적 자유를 얻고 사물과 더불어 기쁨과 환상 그리고 안식을 얻는다. 이처럼 시인의 존재론은 단절이나 부정이 아니라 화해와 긍정을 지향한다.

2. 시적 원천, 보랏빛 추억

일상이든 길을 나서 사물과 풍경을 만나든 박미정 시인은 존재의 어두운 그늘보다 밝은 빛을 보려 한다. 물론 앞서 말했듯이 몸을 지닌 인간의 유한한 조건을 지녔기에 때론 쓸쓸함과 불안, 절망과 허무를 조우하지 않을 수 없다. 예를 들어 「한낮 속의 장막」이 말하는 "너무 갑작스러운 한낮의 장막"과 같은 사태를 직면하는 경우가 있다. 자연스럽게 찾아오는 밤보다 "작열하던 태양이 순식간에/회색구름에 갇히어/한낮의 밤"이 되는 상황은 공포를 불러온다. 환경의 변화나 관계의 질곡이 이러한 사정의 원인이겠는데 더불어 "안구 건조증"과 같이 재발하는 질환도 "잠시 내려앉은 눈꺼풀 안에서/허무의 시름"(「눈동자」에서)으로 등장할 수도 있다. 무엇보다 "아무도 건너는 사람이 없는데/생의 그림자이듯 어둡다"(「요람으로 향하다」에서)라는 지각은 생사에 관한 실존주의에 가깝다. 하지만 시집의 첫머리에 놓인 시편인 「공중, 기억의 길이 있다」가 진술하듯이 시적 화자는 "따뜻한 만남의 길"을 제시하며 "나는 그 언젠가 공중을 날던 꿈을 꾸어/선물 받았던 풍어의 날들이 있어/해심의 비늘로 달았던 날개/공중에 있다"라고 말한다. 꿈과 비상의 원천에 "해심"이 있음을 표출하고 있다. 이 대목은 박미정의 시세계에서 매우 중요한 시적 의식이 놓인 자리이다. 비상의 순수한 꿈을 가능하게 하는 바다의 마음이 드러나고 있기 때문이다. 이와 같은 문제의식은 「탐욕의 제국」에서 다시 확인할 수 있다. "바위에 오르다가/깨어진 바위 틈 사이에서 흔들거린 발바닥은/먼지 없는 방을 빼앗긴/그 안에 것들의 저항을 받아 나뒹굴어졌다"라고 시편의 첫머리에 등장하는 일상의 사건을 두고 시적 화자는 "나의 제국 안에 든 탐욕 중 하나인/어리석음이 붕괴됐다고/나의 영원한 바다를 향해 고백했다"라고 결구를 통해 화답한다. 역시 "나의 영원한 바다"가 주요한 존재의 버팀목이 되고 있음을 알 수 있다.

    밤은/수평선을 넘어오는 파도였다/조용하지 않아 잠들 수 없으니/어둡고 균열된 조락의 잎사귀들 줍는/시인의 것으로 치장했다/이쪽과 저쪽 사이를 잇는 해안선/융기와 꺼짐의 덫이 매몰되어 편편하다/말·말·말/쓰지 못할 것들이/가슴의 얼개를 빠져나갔다/얼마나 아파야 자유로울지/푸른 먹물의 붓 끝에/하염없이 반짝이는 별이고 싶은/시/그러나 그것이 사치가 아니라고/속삭여 주는/나의 바다다 (「푸른 먹물」 전문)

시 쓰기의 원천에 바다가 있음을 다시 알게 하는 시편이다. 시적 화자는 "밤"이며 "수평선을 넘어오는 파도"며 "어둡고 균열된 조락의 잎사귀" 들을 시인의 것으로 수용한다. "융기와 꺼짐의 덫"이 있어 쓰지 못할 사연이 없지 않으나 "푸른 먹물의 붓 끝에/하염없이 반짝이는 별이고 싶은/시"가 있으므로 삶의 고통으로부터 자유로울 수 있다고 "속삭여 주는/나의 바다"가 있어 시인은 삶을 낙관할 수 있다. 이 시편에서도 "푸른 먹물"은 상처가 아니라 치유의 바다를 지시한다. 하지만 이와 같은 바다는 현재의 바다가 아니다. 「매미의 노래, 고전이 되다」가 진술하고 있듯이, "매미의 떼 창속에/지글지글 끓는 여름"을 피하려 "바닷속으로 달아나 보지만/변곡점이 되지 못하는" 사태인 만큼, 시적 화자는 "내 귀는 매미의 옛 노래가/그립다"라고 하여 그 지향이 "옛 노래"를 향하고 있음을 알게 한다. 이처럼 시인의 시적 원천은 유년의 기억에서 발원한다.

가을볕에 살이 찐/참새 떼 가르랑거리는 들녘/결실

을 여물게 물고 있다//수만 개의 바람을 지켜낸/허수아비가 허리를 드러내고/파안대소하니 하늘은 더 높아졌다//가로수 백일홍나무에 핀 꽃들/잎사귀를 감추고 만발하니/가을 식탁에 오를 햅쌀이 구수할 밖에//해 질 녘/지붕 끝에 붙어 있던 낮은 굴뚝에/모락모락 연기가 오르면//아버지는 내가 신을 새 신을 한 손에/다른 손에 동생이 신을 새 신을 들고/골목길 모퉁이를 돌아오셨다 (「행복」 전문)

이 시편에서 화자는 행복의 기억을 환기한다. 자연의 축복이 내려앉은 가을날의 풍경을 "참새 떼"와 "허수아비"의 조응에 부응하는 높은 "하늘"로 먼저 그렸다. 이어 만발한 "백일홍나무에 핀 꽃들"은 "식탁에 오를 햅쌀"을 상기하며 풍요를 구가한다. 이러한 가운데 풍경은 시간의 흐름을 따라 들녘에서 **"가로수"** 길을 지나 "해 질 녘" 집으로 이동한다. "지붕 끝에 붙어 있던 낮은 굴뚝에/모락모락 연기가 오르면"이라는 구절은 이 시편의 백미에 해당한다. 삶의 화평을 밥 짓는 연기로 그려내고 있다. 어떠한 어긋남이 개입할 수 없는 합치의 이미지이다. 마침내 "나"와 "동생"이 "신을 새 신을 들고/골목길 모퉁이를 돌아"오는 "아버지"가 부각한다. 표제가 집약한 행복의 풍경인데 유년의 기억 저편의 장소에 그 혼이 깃들어 있다. 「행복」이 그린 풍경의 원형은 또 다른 시편인 「가족」에서 "우리는:/서로/너를 향하여 이름을 부르는/새벽이/날마다 아름답게 깨어나기를 두 손 모우는/마음"으로 번져나 지속하고 있는데, 아버지와 더불어 어머니의 기억은 「설날」과 「느리게 가는 시간」과 「봄엔 더 그립다」 등에서 각별하다. 유년의 기억이 삶의 버팀목이며 자아 정체성의 근거임을 거듭 확인한다. "골목길이 사라지고/좁은 도랑물 소리도 사라졌지만/아버지의 문패가 걸렸던 집을 찾아서/가면/어머니의 치맛자락을 꼬옥 잡고/졸랑거리던 작은 소녀"(「느리게 가는 시간」에서)는, 에릭 에릭슨이 말한 대로 나이가 든 후에도 유년기의 경험이 여전한 시인의 표정으로 현존함을 알게 한다.

"눈이여!/예전처럼 가볍게 오라"라는 구절로 시작하는 「습설을 퇴고하다」는 무거운 습설이 내려 일상의 삶을 힘들게 하는 "속수무책인 겨울"을 가볍고 경쾌하며 포근하게 내리는 유년의 눈 오는 날의 **추억**과 대비한다. 그만큼 유년의 고향은 지울 수 없는 기억으로 남아 존재를 추동한다. 가령 「벅수」는 어린 시절 "지켜준다고 서 있는" "벅수"가 "엊그제 명절 날, 아이들 오는 길목에/아니 자동차가 들어오는 길목에 서서" 아이들을 지켜보는 '나'의 변신으로 느껴지는 **현상**을 이야기하고 있다. 시인에게 "벅수의 마음"은 변함없이 내면에 지속하며 "만다라 속에/새벽의 보랏빛 서서히 엷어지며/성가신 생각들을" 지우는 일을 수행한다. 이처럼 박미정 시인에게 유년의 고향 바다는 지속의 물줄기로 의식 속에 면면히 흐르고 있는데 「내 고향 토성고개」가 이를 잘 말해준다. "통영의 토성고개" "그 언덕을 보고 섰던 고향

집"에서 살던 추억은 위안과 기쁨 그리고 행복의 이미지로 훼손됨이 없이 남아 변함없이 존재를 환기한다.

그 고개에/엄마가 만들어 주신/바람개비를 들고 나가면/날개를 단 바람이 풍차이듯 돌고/나의 단발머리는 신나게 날렸다//고갯길을 오르내리는/뱃고동 소리에/파도를 타듯/팔을 길게 뻗기도 하고 잡아당기기도 하면/바람개비가 부는 바람 길에/바다가 열리는 그 언덕//엄마~ 부르면 더 신 났던 고갯길/나의 그리움이 되어 고향을 지키고 있다 (「내 고향의 토성고개」 부분)

이처럼 "바람"과 "뱃고동소리"와 "파도"는 한데 어우러져 있다. "바다로 열리는 그 언덕"은 집과 길과 바다를 모두 연결한다. 이는 앞에서 「벽수」가 말한 '보랏빛 만다라'처럼 고향을 통하여 모든 사물이 이어져 있음을 지각하는 시인의 감정 양식을 표상한다. 또한 이와 같은 원초적 장소를 향한 "그리움"으로 시인은 내면의 풍요를 간직하고 삶의 의지를 키운다. 보랏빛으로 대표되는 원초적 추억의 빛깔은 행복의 형이상학으로 남아 있다. 유독 보랏빛만 아니다. 여러 소리와 빛깔을 민활하게 감각하는 그녀에게 이는 화해和諧의 미를 표상하는 하나의 상징이다. 그래서 "햇빛이 매만지는 제라늄 꽃잎"이 "마드리드 골목의 삽화같이"(「마냥」에서) 연상되기도 한다. 사물과 교감하는 가운데 추억이 그림이 되는 회화적 상상력이 있다. 그만큼 삶은 다채로운 색채와 함게 한다.

> 저온을 거친/튤립 구근 넷을 같은 화분에 심고/다른 하나는 따로 심었다//시선은 유독 뾰루지인 듯 나와 있는/그것을 향해 있다가/이른 봄 초급에 불과해 잠재하던/드로잉 솜씨가 발동했다//외따로 심은 화분에 피는 보랏빛에/보랏빛 뽈 슬리퍼가 떠올랐다/아버지가 사다 주신 거기에 발을 담그면/유난히 하얘서/여름방학이 신났던 때가 있다//가끔 도화지 위에/크레파스 보랏빛에 찍혀 피어나던/나만의 꽃 튤립을/어머니는 칭찬하고 벽에 붙여주셨다 (「보라 튤립」 부분)

"튤립 구근"을 심어 그 보랏빛 꽃을 만나고 "아버지가 사다주신" "보랏빛 뽈 슬리퍼"를 상기하며 나아가 "크레파스 보랏빛"을 연상하면서 어머니를 생각한다. "나만의 튤립"이라는 구절이 의미하듯이 이 시편에서 보이는 보랏빛 소묘는 여러 겹의 반복이 형성하는 상징적 의미를 갖기에 족하다. 여타의 색을 아울러 대표하는 시인의 본디 빛깔이라고 하여도 되겠는데 유년의 원천에서 발원한다. 이는 「퍼블섬」에서 "보랏빛으로 생명을 노래하는 섬"으로 공명하며 "보랏빛 스카프를 목에 두른/나도/함께 걷는 바람도" 모두 "보랏빛"이 되는 미적 합치의 장관으로 나타나기도 한다. 이러한 점에서 박미정 시인의 시적 지향을 '보랏빛 화해'라고 부르고자 한다. 이는 기억과 존재의 기쁨을 보랏빛의 우아함으로 표현하는 시적 지향을 의미한다. 시인의 시적 수행은 고향의 바다와 유년의 추억이라는 원천을 바탕으로 일상을 사유하고 사물과 감응하며 동심원을 그려간다. 구심력과 원심력이 시적 역장을 구성하면서 존재와 안과 밖을 소통하고 확장한다.

3. 사물과 공명하는 삶

시인은 사물과 공명하고 일상을 사건으로 지각하며 존재를 사유한다. 공감하며 화해에 이르려는 시적 지향은 목소리와 시적 태도를 통해 나타난다. 그러니까 동일성은 현실에서 부재의 원인이기도 하다. 구체적 삶에서 단절과 슬픔의 고통을 마냥 회피할 수는 없다.「사람」이 말하듯이 관계가 만드는 균열과 훼손의 경험으로 상존하기 마련이다. 이러한 점에서 '보랏빛 화해'는 선험적으로 주어지는 감정 양식이 아니다. 그것은 유년의 추억이라는 측면에서 상실과 노스탤지어의 의식과 연관하고 일상과 생활세계의 측면에서 삶의 지혜로 작동하는 궁극적인 지평에 해당한다. 가령 "우주에서 가장 아름다운 별/그 깊은 목소리의 적요가 반짝거리면/나는 신생의 소녀로 태어나/그냥/웃고 말지요"(「이해한다는 것」에서)라는 구절에 등장하는 "신생"과 체관의 웃음이 시인의 지향과 태도를 잘 말해준다. 유년의 순수 지각은 그 자체로 현재를 새롭게 하는 기제이다. 또한 "때론 종잇

장도 버거울 때"(「이해한다는 것」에서)나 "태풍 속에서 사는 법"(「태풍 속 가자미」에서)을 받아들여야 하는 곤경을 이겨내는 힘이 된다. 앞서 "신생의 소녀"라는 표현이 의미하듯이 시인에게 화해의 지평은 기지의 추억이자 미지의 예감이다. 예를 들어 「가곡의 밤」에서 "바이올린을 꺼내다 무릎에 현이" 닿은 사건은 먼 기억 속의 "잃었던 소리"를 불러내고 "허공에다 연주하며 살던 삶"을 떠올리게 하면서 "내 안에 갇힌 것들이" "몸을 비틀고 빠져나와 소란 후 침묵"하게 되는데 마침내 "청아한 별의 노래가 나를 향하여/오선지 위의 도돌이표가 즐겁게 발을" 찍는 과정으로 나타난다. "오래도록 아팠던 것이 닳은 그 자리"가 "청아"의 표정으로 거듭나는 형국인데 기지와 미지가 시적 변증법이 되어 존재를 바꾸어 놓는다.

> 발바닥이 시리다/여름 끄트머리에서 맨발로/해안선을 쭉 따라 걷겠다는/나를 눈치 챈/파도는 하얀 거품을 물었다//유영하는 불빛에/되레 뿔난 핏기까지/따닥따닥 붙은 파도의 파편들/발목을 차고 오르다가/떠밀려가며 다시 살아나는/살갗 베인 물/검푸르다//구름을 스쳐 나오는 별/반짝이며/허무맹랑한 실랑이를 말렸으므로/발바닥은 따듯해졌고/파도는 하얗게 온순해졌다 (「화해」 전문)

이 시편은 "나"와 "파도"의 관계를 통하여 화해和解를 은유한다. 밀려오고 밀려가는 파도에 "발바닥"은 "유영하는 불빛"으로 시린 느낌을 더하게 되는데 이러한 "허무맹랑한 실랑이"를 그치는 계기가 "구름을 스쳐 나오는 별"에 의해 가능하다. 마침내 그 "별"을 통하여 "발바닥은 따뜻해졌고/파도는 하얗게 온순해"지게 된다. 마치 로망 롤랑이 말한 '대양의 느낌'과 같이 모든 사물이 연결되어 있다는 감각의 표출이다. 대체로 시인은 많은 시편에서 사물과 공명하고 풍경과 감응한다. 그만큼 내면의 평화와 행복의 정서가 자리하고 있다.

저 멀리 수평선 맑게 피던 날/쾌청한 파도소리를/돌아다니며 구경했다//밀려갔다 밀려오는 리듬에 맞추어/부드러운 곡선을 즐기는 해안선/참 예뻤다//파도 끝을 또르르 말기도 하고/풀기도 하고/파도 끝을 또르르//셀 수 없이/눈부신 꽃 피었다 사라졌다/사라졌다 또 피었다//다소곳이 내려앉아/현을 부드럽게 타는 햇살/반짝이는 소리에 가슴이 출렁했다

「바닷길 산책에서」 전문

이 시편에서 파도가 "밀려갔다 밀려오는 리듬"은 "눈부신 꽃"이 "피었다 사라졌다"를 반복하는 현상과 겹쳐지고 "현을 부드럽게 타는 햇살"과도 함께 한다. 이러한 가운데 시적 주체가 감응한다. 사물과 더불어 생의 리듬을 노래하는 화창和唱은 장소(「삼락 생태공원의 봄」, 「대구 수성 못에서」, 「비 멈춘 그날」 등)와 풍경(「시월의 가을」, 「낙동강의 여름 한 수」, 「봄을 따라가다」, 「강서마을의 아침」 등)을 따라서 다채롭게 변주하

며 「특별한 공생」이나 「물방울의 혼」이 말하듯이 생동하는 사물의 연속성과 공생에 예민하다.

> 강물 위에/또르르/햇살 구르고//땡볕 무더위/자맥질/하는//한낮/낙동강/풍경 속에는//뭉게구름/나직이/뭉게뭉게 피어나 있다 (「낙동강의 여름 한 수」 전문)

이처럼 사물과 풍경이 "또르르"와 "뭉게뭉게"와 같은 의성어와 의태어를 동반하면서 구체적인 이미지로 표출된다. "강물"과 "햇살"과 "뭉게구름"이 상호 조응하면서 "낙동강"의 여름이 생생한 실감으로 다가온다. 그런데 이와 같은 생명의 느낌은 시적 주체가 지닌 존재의 감각과 다르지 않다. 가령 「밤바다-거제도에서」처럼 밤바다가 "누군가 검은 팩을 얹고/나를 낯설게 쳐다봤다/커다란 검은 눈동자 하나만 댕그라니 뜨고"라고 "낯설게" 다가오기도 한다. 몸을 지닌 주체는 「폐선」처럼 시간에 따라 "녹슬고" 낡아가며 소멸하는 사물에 마음을 투사하거나 「노루귀」처럼 "계절 일찍 찾아/온/어여쁜 너의 꽃/파르라니 웃고 있어" "네 앞에 다소곳이 무릎 꿇는 사랑"을 표출하며 경배하게 된다. "별똥별을 따라온/파도의 비늘은 내 손바닥에서/미끄럽게 다 빠져나가고"(「해루질」에서)라고 생동하는 사물의 우주를 감각하는 시인은 "무화과"를 제제로 삼은 「계절을 잊은 무화과」와 「무화과」, 두 시편을 통하여 존재론의 깊이를 변주한다.

봄은 저리 분주한데/가지 끝 식은 사랑 한 점 뿐/묘비처럼 뼈아픈 추억 안고/땅 위의 노래는 무덤으로 솟아난다//꽃을 열지 못해/고통의 구겨진 웃음도/불임으로 엉킨 햇빛의 무게를/털어 낼 수 없어/동거하는 너를 멀리 하였으니//생 한 번 열지 못한 죄로/골고다 언덕을 넘어/적막과 고요만이 살아 숨쉬는/사막의 주름까지 겹으로 덥는다//거칠게 흐르는 별 아래/이 도시의 더러운 숲에서/음지를 베고 누워/천 년 세월 흘린 눈물//허물어지는 노을과/절망에 익숙해지며/오늘도 한 마리 갑충으로/고독을 질기게 빨아 넣고 있다

「무화과」 전문)

창작의 선후를 알 수 없으나 「계절을 잊은 무화과」와 「무화과」는 유사한 의미의 흐름을 지닌다. 모두 가지 끝에 마른 상태로 매달려 있는 "무화과"의 숙명을 주목한다. "무덤"의 이미지에서 "한 마리 갑충"의 이미지로 귀결하는 「무화과」가 시적 대상을 서술하는 데 주요하다면 「계절을 잊은 무화과」는 이와 같은 시적 대상이 스스로 발화하는 과정을 보여준다. "음지를 베고/차가운 눈보라까지 베고 지났으나/지금 까맣게 변한 나를/빨갛게 예뻤다고 누가 추억해 줄까"라고 진술하며 결구에 이르러 "가자!/사나운 칼끝으로 베이기 전에/땅에 떨어지면/나는 또 새로운 무화과가 될 테니"라고 신생의 희망을 갈망하는 형태이다. 무화과는 주지하듯이 밖으로 꽃 피우지 못하고 열매 안으로 꽃을 피우는 과일이어서 "꽃

을 열지 못해/고통에 구겨진 웃음도/불임으로 엉킨 햇빛의 무게를/털어 낼 수 없"는 사물이다. 시적 화자는 이를 멀리 한 일을 후회하며 그 고단한 생과 고독하고 기구한 운명에 감정이입하고 "골고다 언덕"을 넘어간 예수의 고난을 떠올리며 나아가 부활의 징표로 받아들인다. 두 시편의 시적 변주는 시인의 존재론적 시학이 사소한 사물을 매개로 생명과 고갈, 유한성과 신생의 의미를 되새기고 있음을 알게 한다. 그만큼 외부를 향한 마음의 깊이를 이해할 수 있다. 실존exsistence은 탈존脫存이라고 할 수 있듯이 박미정 시인은 시와 존재의 길을 꾸준하게 확장해 왔다. 그 중심에 보랏빛 화해의 의식이 있어 동시원을 형성하면서 사물과 풍경, 구체적 삶의 의미를 긍정의 이미지로 그린다. 「무화과」가 말하듯이 유한성과 고갈은 회피할 수 없는 조건이다. 박미정의 시에는 고독과 슬픔을 우아의 심상으로 상승하는 기운이 내재한다. 바다의 느낌으로 이룬 화해의 시적 지평이 지속하리라 믿는다.

사임당 시인선 30
쇼팽을 따라간 여인
© 2025 박미정

초판인쇄 | 2025년 10월 20일
초판발행 | 2025년 10월 23일

지 은 이 | 박미정
펴 낸 이 | 배재경
펴 낸 곳 | 도서출판 작가마을
등   록 | 제 2002-000012호
주   소 | 부산시 중구 대청로 141번길 3, 501호(다온빌딩)
          T. 051)248-4145, 2598 F. 051)248-0723 E. seepoet@hanmail.net

ISBN 979-11-5606-291-2 03810 정가 11,000원

※ 이 책의 무단전재 및 복제행위는 저작권법에 의거, 처벌의 대상이 됩니다.
※ 본 도서는 2025년 부산광역시, 부산문화재단 '부산문화예술지원사업'으로 지원을 받았습니다.